www.ingramcontent.com/pod-product-compliance
Lightning Source LLC
LaVergne TN
LVHW010620070526
838199LV00063BA/5218
9789358723878

علامہ اقبال کا فلسفہ

(مضامین)

مرتبہ:

اعجاز عبید

© Taemeer Publications LLC

Allama Iqbal ka Falsafa (Essays)

by: Aijaz Ubaid

Edition: March '2024

Publisher :

Taemeer Publications LLC (Michigan, USA / Hyderabad, India)

ISBN 978-93-5872-387-8

9 789358 723878

مصنف یا ناشر کی پیشگی اجازت کے بغیر اس کتاب کا کوئی بھی حصہ کسی بھی شکل میں بشمول ویب سائٹ پر
اَپ لوڈنگ کے لیے استعمال نہ کیا جائے۔ نیز اس کتاب پر کسی بھی قسم کے تنازع کو نمٹانے کا اختیار
صرف حیدرآباد (تلنگانہ) کی عدلیہ کو ہو گا۔

© تعمیر پبلی کیشنز

کتاب	:	**علامہ اقبال کا فلسفہ** (مضامین)
مرتب	:	**اعجاز عبید**
پروف ریڈنگ / تدوین	:	اعجاز عبید
صنف	:	غیر افسانوی نثر
ناشر	:	تعمیر پبلی کیشنز (حیدرآباد، انڈیا)
سالِ اشاعت	:	۲۰۲۴ء
صفحات	:	۵۲
سرورق ڈیزائن	:	تعمیر ویب ڈیزائن

فہرست

(۱)	علامہ اقبالؒ اور فلسفہ خودی	جاوید عباس رضوی	6
(۲)	علامہ محمد اقبالؒ کی دور اندیشی و مستقبل شناسی	ساجد حسین بنگش	15
(۳)	علامہ اقبالؒ، ایک عظیم شاعر۔۔۔	عبد القیوم	23
(۴)	حکیم الامت علامہ اقبالؒ کی کربلا شناسی	ساجد حسین	30
(۵)	کلام اقبالؒ اور کربلا	سردار تنویر حیدر	43
(۶)	امام حسینؑ اقبال کی نظر میں	ذاکر حسین میر	50

علامہ اقبال اور فلسفہ خودی

جاوید عباس رضوی

علامہ اقبال ایک ایسی شخصیت ہے جس کو دنیا شاعر مشرق کے نام سے جانتی ہے۔ دنیا اقبال کے تعارف کی محتاج نہیں ہے، اقبال نے دنیا کے مسلمانوں کو ایک عظیم فکر دی، جس سے مسلمان بیدار ہو گئے، اقبال کے اندر مسلمانوں کے لئے ایک ایسا درد تھا جس نے اقبال کو بے قرار کیا، جس نے اقبال سے سکون چھین لیا، جس نے اقبال سے نالے اگلوائے، اقبال نے پورے مشرق میں خودی و خود اعتمادی، عزت نفس، جہاں بینی، اور جہاں بانی کا ولولہ پیدا کیا، اقبال نے نہ صرف مشرق کو اپنا کھویا ہوا وقار اور لٹی ہوئی آبرو دوبارہ حاصل کرنے کے لئے جھنجھوڑا بلکہ مغرب کے گمراہ کن تعقل اور فتنہ جو تجربہ و مشاہدہ کے سائنٹفک منہاج کو وحی الٰہی اور پیغمبرانہ اسوہ سے مستنیر کر کے انسانیت کے لئے فیض بخش اور حقیقی ارتقاء کا ذریعہ بنانے کی کوشش کی۔

اقبال نے نہ صرف شاعری کی دنیا میں ایک جدید شعور کا اظہار کیا ایک ایسا شعور جو مغربی تہذیب اور صنعتی تمدن کی بنیادی خامیوں سے باخبر تھا بلکہ اس سے ایک ایسے ادراک سے روشناس کرایا جو ماضی، حال اور مستقبل تینوں پر محیط تھا۔ اقبال ماضی کی تابناک شعاعوں سے حال کی تاریکیوں کو دور کرنا چاہتے تھے اور ایک ایسے طلوع ہونے والے آفتاب کی بشارت دے رہے تھے جو ایک نئی روحانی و اخلاقی تبدیلی کا نقطہ

آغاز ہو گا۔

اس دور میں تعلیم ہے امراض ملت کی دوا
ہے خون فاسد کے لئے تعلیم مثل نیشتر
(اقبال)

علامہ اقبال ایک ہمہ جہت شاعر ہیں بلکہ یہ کہنا غلط نہ ہو گا کہ وہ فقط ایک شاعر ہی نہیں، مفکر اور فلسفی بھی ہیں۔ ایک ایسے مفکر جنہوں نے حیات و کائنات کے مختلف اور متنوع مسائل پر غور و فکر کیا اور برسوں کی سوچ و فکر کے بعد شاعری اور نثر کے ذریعے حکیمانہ اور بصیرت افروز خیالات پیش کئے۔ انھیں اقبال کی ندرت فکر کا شاہکار کہا جا سکتا ہے، علامہ اقبال نے انسان کو خودی کا درس دیا ہے، علامہ اقبال کی خودی، خود پرستی نہیں ہے، خود سوزی نہیں ہے بلکہ خود شناسی ہے یعنی خود کو پہچانا، یعنی خود کی معرفت حاصل کرنا، یعنی انسان کو اللہ نے اس دنیا میں کیوں بھیجا ہے کہاں جانا ہے کس لئے آیا ہے، اقبال کی خودی خانقاہی نہیں ہے اقبال کی خودی خود شناسی ہے، معرفت نفس ہے۔

اپنے من میں ڈوب کر پا جا سراغ زندگی
تو اگر میرا نہیں بنتا نہ بن اپنا تو بن
(اقبال)

اقبال کے نزدیک خودی کے اثبات، پرورش اور استحکام ہی سے اسے غیر فانی بنایا جا سکتا ہے، خودی اپنی پختگی ہی سے حیات جاوداں حاصل کر سکتی ہے یعنی بے مثل انفرادیت کو اس طرح قائم و برقرار رکھے کہ موت کا دھچکا بھی اس کا شیرازہ نہ بکھیر سکے، خودی کا جوہر ہے یکتائی، وہ کسی دوسری خودی میں مدغم نہیں ہو سکتی، نہ اس کا ظہور کسی دوسری خودی کے طور پر ہو سکتا ہے، نہ وہ کسی کمتر خودی میں منتقل ہو سکتی ہے اگر خودی

کی تربیت نہیں کی گئی تو اس کا مستقبل مخدوش ہے وہ فنا بھی ہو سکتی ہے۔

خودی کی پرورش و تربیت پہ ہے موقوف

کہ مشت خاک میں پیدا ہو آتش ہمہ سوز

(اقبال)

اقبال کا پیغام یا فلسفہ حیات کیا ہے اگر چاہیں تو اس کے جواب میں صرف ایک لفظ 'خودی' کہہ سکتے ہیں۔ اس لئے کہ یہی ان کی فکر و نظر کے جملہ مباحث کا محور ہے۔ اور انھوں نے اپنے پیغام یا فلسفہ حیات کو اسی نام سے موسوم کیا ہے اور محور تک اقبال کی رسائی ذات و کائنات کے بارے میں بعض اہم سوالوں کے جوابات کی تلاش میں ہوئی ہے، انسان کیا ہے؟ انسانی زندگی کیا ہے؟ کائنات اور اس کی اصل کیا ہے؟ آیا یہ فی الواقع کوئی وجود رکھتی ہے یا محض فریب نظر ہے؟ اگر فریب نظر ہے تو اس کے پس پردہ کیا ہے؟ اس طرح کے اور نہ جانے کتنے سوالات ہیں جن کے جوابات کی جستجو میں انسان شروع سے ہی سرگرداں رہا ہے۔

اقبال کے فلسفہ خودی یا پیغام کی تخلیق کا خاص پس منظر ہے، قیام یورپ کے زمانے میں انھوں نے فلسفے کا گہرا مطالعہ کیا تھا۔ ایران کی مختلف ادبی اور لسانی تحریکوں اور لٹریچر کو غور کی نظر سے دیکھا تھا اور اس نتیجے پر پہنچے تھے کہ اسلامی تہذیب کی ابتری خصوصیت سے جنوبی ایشیاء میں مسلمانوں کی تباہی کی ذمہ دار وہ فارسی شاعری بھی ہے جس نے افلاطونی فلسفے کی موشگافیوں میں پھنس کر حیات کے سرچشموں کو خشک کر دیا، اس کے بعد سکون بے عملی کو زندگی کا عین تصور کیا جانے لگا، افراد میں خودی اور خودداری کی بُو نہ رہی اور ذلت و نکبت موجب فخر سمجھی جانے لگی اور روگ آہستہ آہستہ پوری قوم کے رگ و پے میں سرایت کرتا گیا۔ اردو ادب بھی اس سے مستثنٰی نہ تھا۔

'خودی' کا لفظ اقبال کے پیغام یا فلسفہ حیات میں تکبر و غرور یا اردو، فارسی کے مروجہ معنوں میں استعمال نہیں ہوا، خودی اقبال کے نزدیک نام ہے احساس غیرت مندی کا، جذبہ خودداری کا، اپنی ذات و صفات کے پاس و احساس کا، اپنی انا کو جراحت و شکست سے محفوظ رکھنے کا، حرکت و توانائی کو زندگی کی ضامن سمجھنے کا مظاہرات فطرت سے برسرپیکار رہنے کا اور دوسروں کا سہارا تلاش کرنے کے بجائے اپنی دنیا آپ پیدا کرنے کا، یوں سمجھ لیجئے کہ اقبال کے نقطہ نظر سے 'خودی' زندگی کا آغاز وسط اور انجام سبھی کچھ ہے فرد وملت کی ترقی و پستی خودی کی ترقی وزوال پر منحصر ہے۔

خودی کا تحفظ زندگی کا تحفظ، خودی کا استحکام زندگی کا استحکام، ازل سے ابد تک خودی ہی کی کار فرمائی ہے اس کی کامرانیاں اور کارکشائیاں بے شمار اور اس کی وسعتیں اور بلندیاں بے کنار ہیں، اقبال نے ان کا ذکر اپنے کلام میں جگہ جگہ نت نئے انداز سے کیا ہے۔

خودی کیا ہے راز درون حیات
خودی کیا ہے بیداریِ کائنات
ازل اس کے پیچھے ابد سامنے
نہ حد اس کے پیچھے نہ حد سامنے
زمانے کے دھارے میں بہتی ہوئی
ستم اس کی موجوں کی سہتی ہوئی
ازل سے ہے یہ کشمکش میں اسیر
ہوئی خاک آدم میں صورت پذیر
خودی کا نشیمن ترے دل میں ہے

فلک جس طرح آنکھ کے تل میں ہے

(اقبال)

کہیں یہ ظاہر کیا ہے کہ لاالٰہ اِللہ کا اصل راز خودی ہے، توحید خودی کی تلوار کو آب دار بناتی ہے اور خودی توحید کی محافظت کرتی ہے۔

خودی کا سرِّ نہاں لاالٰہ اِللہ

خودی ہے تیغ فساں لاالٰہ اِللہ

(اقبال)

کہیں یہ بتایا ہے کہ انسان کی ساری کامیابیوں کا انحصار خودی کی پرورش و تربیت پر ہے، قوت اور تربیت یافتہ خودی ہی کی بدولت انسان نے حق و باطل کی جنگ میں فتح پائی ہے۔ خودی ہی زندہ اور پائندہ ہو تو فقر میں شہنشاہی کی شان پیدا ہو جاتی ہے اور کائنات کا ذرہ ذرہ اس کے تصرف میں آجاتا ہے۔

خودی ہے زندہ تو ہے فقر میں شہنشاہی

نہیں ہے سنجر و طغرل سے کم شکوہ فقیر

خودی ہو زندہ تو ہے دریائے بیکراں نایاب

خودی ہو زندہ تو کہسار پرنیاں وحریر

(اقبال)

بعض جگہ خودی کو فرد اور ملت کی زندگی کا مرکز خاص قرار دیا۔ اس مرکز کا قرب سارے جہاں کا حاصل اور اس سے دوری موت کا پیغام ہے۔

قوموں کے لئے موت ہے مرکز سے جدائی

ہو صاحب مرکز تو خودی کیا ہے خدائی

ہر چیز ہے محو خود نمائی ہر ذرہ شہید کبریائی
بے ذوق نمود زندگی موت تعمیر خودی میں ہے خدائی
(اقبال)

خودی کے اوصاف میں اقبال کے بے شمار بیانات، ان کی تصانیف میں بکھرے پڑے ہیں اور بے شمار ایسے اشعار ہیں جن میں خودی کا والہانہ تذکرہ آیا ہے۔ اقبال کا یہ فلسفہ حیات یا پیغام خودی جس پر انہوں نے اتنا زور دیا ہے اور فرد و قوم کی بقا و ترقی کی اساس ٹھہرایا ہے، جذبات کے لمحاتی جوش کا نہیں بلکہ انسان کے نفس اور اس کی تہذیبی زندگی پر کامل غور و فکر کا نتیجہ ہے۔ بعض مقامات پر خودی اور خدا کے وجود کو لازم و ملزوم بتا کر وجود کی تعریف یہ کی ہے کہ جوہر خودی کی نمود کا دوسرا نام وجود ہے۔ اس لئے انسان کو اپنے وجود کا ثبوت دینے کے لئے خودی کی نمود سے غافل نہیں رہنا چاہیئے، خودی کی بھرپور نمود انسان کو امر بنا دیتی ہے۔

خودی کو زندہ و پائندہ رکھنے اور اسے توانا و طاقتور بنانے کے عوامل کا تذکرہ تھا۔ اس کے بعد خودی کی تربیت کی ارتقائی منزلیں زیر بحث آتی ہیں یہ تین ہیں، اطاعت، ضبط نفس اور نیابت اِلٰہی، اطاعت سے مراد فرائض کی ادائیگی اور شریعت الٰہیہ کی عملی تائید ہے۔ جو شخص ان سے بھاگتا ہے وہ گویا دینِ محمدی ص کے آئین کے خلاف ورزی کرتا ہے اور اس کی حدود سے باہر قدم رکھتا ہے، ضبط نفس سے مراد، نفسانی خواہشوں اور ذاتی اغراض پر قابو پانا ہے چونکہ انسان کے نفس میں خوف اور محبت کے دو عنصر ایسے ہیں جو اسے راہ راست سے اکثر ہٹا دیتے ہیں اس لئے ضروری ہے کہ اس پر کڑی نظر رکھی جائے ،نفس کو مغلوب ہونے سے بچایا جائے۔

جب اطاعت و ضبط نفس کی منزلوں سے کسی فرد کی خودی کامیاب گزر جاتی ہے تو وہ

اعلیٰ منصب پر فائز ہو جاتا ہے جو تخلیق انسانی کا مقصدِ خاص ہے، نیابت اور جس حصول کے لئے انسان روز اول سے سر گرم عمل اور مزاحمتوں سے بر سر پیکار ہے۔

خودی کو کر بلند اتنا کہ ہر تقدیر سے پہلے
خدا بندے سے خود پوچھے بتا تیری رضا کیا ہے
(اقبال)

علامہ اقبال کے فلسفہ حیات یا پیغام کی تخلیق اس طور پر کر سکتے ہیں کہ فرد کی طرح ملت کی بھی خودی ہوتی ہے، چنانچہ فرد کی خودی کی تربیت و استحکام کے ساتھ ساتھ لازم ہے کہ ملت کی خودی کو بھی مرتب و مستحکم بنایا جائے۔ اس کی صورت یہ ہے کہ فرد اپنی خودی کو ملت کی خودی میں اس طرح خم کر دے یا اس کا تابع بنا دے کہ ملت کی خودی کو فرد کی خودی پر فضیلت حاصل ہو جائے کہ ذاتی اغراض و مفادات پر ملت کے اغراض و مفادات کو ترجیح دی جائے اور مقدم سمجھا جائے، ایسا کرنے سے فرد کی خودی مجروح نہیں ہوتی، تقویت حاصل کر لیتی ہے، اس میں جماعت کی سی قوت پیدا ہو جاتی ہے اور جماعت میں مزید پختگی آجاتی ہے۔

در جماعت خود شکن گردو خودی
نارِ گل، برگ چمن گردو خودی
کثرت ہم مدعا وحدت شود
پختہ چوں وحدت شود ملت شود

انفرادی اور اجتمائی خودی کی تربیت و تنظیم اور استحکام و استقلال کے لئے عہد حاضر کی ساری ملتوں میں ملت اسلامیہ ہی موزوں ترین ہے اور اس وقت دنیا میں جتنے آئین مروج ہیں ان سب میں آئین اسلامی یعنی قرآن مجید ہی ایک ایسا آئین ہے جس کے تحت

فرد اور جماعت کی خودی اطاعت اور ضبط نفس کی منزلوں سے کامیاب گزر کر کامیابی حاصل کی جاسکتی ہے، فرد قوم کی خودی پر اظہار خیال کرتے ہوئے یہ بتایا ہے کہ مسلمان اور ملت اسلامیہ کی خودی کی شرائط اور فتوحات دوسروں کی خودی سے بہت مختلف ہیں اور اس اختلاف کا سبب یہ ہے کہ اس کا مزاج دوسری قوموں کے مزاج سے مختلف ہے۔

اپنی مِلّت پر قیاس اقوامِ مغرب کا نہ کر
خاص ہے ترکیب میں قوم رسول ہاشمی

اگر مسلمانوں نے ترکیب رسول ہاشمی اپنائی ہوتی تو آج مسلمانوں کی یہ حالت نہ ہوتی، مسلمانوں نے اپنی خودی کو نہیں پہچانا اس لئے دوسروں کی تقلید کی اور مسلمان اس حالت پر پہنچے کہ آج مسلمان مظلوم ہے، ہمارا قُدس مُبارک امریکی پِٹھو اسرائیل کے ہاتھوں پائمال ہوتا جارہاہے اور مسلمان ابھی بھی سوئے ہوئے ہیں، مسلمانوں کا قتل عام ہورہاہے، مسلمان ممالک ویران کئے جارہے ہیں اور ہم ذاتی اغراض میں اُلجھے ہوئے ہیں۔ کسی کو اقتدار کی بھوک، کسی کو گھر کی بھوک، جب تک مسلمانوں کا صفایا ہوجائے گا تب تک ہم سوئے رہیں گے، کب تک ہم مغرب کی غلامی کریں گے اور یہی مغرب والے مسلمان کو مسلمان سے لڑاتے ہیں۔

اگر مسلمان خود شناس اور متحد ہوتے تو اہل مغرب کی مجال نہ ہوتی کہ پیغمبر اسلام ص کی شان میں توہین کرتے، اے کاش اقبال کی آرزو پوری ہوتی کہ ملت اسلامیہ میں خودی کا مقام حاصل ہو جائے اور ہم مسلمان آباد، خوشحال اور امن امان میں رہتے اور روحِ اقبال خوش ہو جاتی، اقبال کسی خاص علاقے یا ملت کا شاعر نہیں ہے وہ پورے عالم انسانیت کا شاعر ہے اور اس کا پیغام صرف مسلمانوں کے لئے نہیں بلکہ سب کے لئے ہے۔

ہر دردمند دل کو رونا میرا رلا دے
بے ہوش جو پڑے ہیں شاید انہیں جگا دے
(اقبال)

☆☆☆

علامہ محمد اقبال (رح) کی دور اندیشی و مستقبل شناسی
ساجد حسین بنگش

حکیم الامت علامہ اقبال (رح) کی پیدائش 9 نومبر 1877ء کو سیالکوٹ میں ہوئی۔ علامہ اقبال (رح) کو معمولاً صرف مفکر پاکستان کے طور پر پہچانا جاتا ہے، جو اقبال (رح) کے لئے ایک اعزاز ضرور ہے، کہ دو قومی نظریے کے پیش کرنے والوں میں ان کا نام سرفہرست ہے لیکن علامہ اقبال (رح) ایک ہمہ جہت شخصیت تھے۔ آپ نے قرآنی تعلیمات کا بھرپور مطالعہ کیا ہوا تھا جس کی وجہ سے آپ کی فکر بھی قرآنی تعلیمات کی طرح فلاح انسانیت پر مبنی تھی، عالمی فلاحی معاشرے کے قیام کا خواب اسی فکر کا نتیجہ تھا۔ آپکے افکار کا واضح اظہار آپ کی اردو اور اس کا زیادہ حصہ فارسی شاعری میں ملتا ہے۔

اقبال (رح) ایک دور اندیش اور مستقبل شناس شخصیت تھے، یہ مستقبل شناسی محض ان کے اپنے تخیل کی حد تک نہیں تھی بلکہ یہ دور اندیشی اور مستقبل شناسی تعلیمات قرآنی اور احادیث و روایات کے عین مطابق تھی، یہی وجہ ہے کہ اتنا عرصہ گزرنے کے بعد آج بھی علامہ اقبال (رح) کے نظریات بالکل صحیح ثابت ہو رہے ہیں۔ حال ہی میں عرب ممالک میں عوامی بیداری کی تحریکوں کے بعد امریکہ کے سرمایہ دارانہ نظام کے مرکز وال اسٹریٹ سے شروع ہونے والے عوامی مظاہرے اب امریکہ کے شہروں سے نکل کر رفتہ رفتہ دیگر یورپی ممالک میں پھیل رہے ہیں۔ یہ احتجاج لاوا کی شکل اختیار کر کے عوامی سونامی میں تبدیل ہو رہا ہے۔ علامہ اقبال (رح) نے اس کی پیشین گوئی بہت پہلے کی

تھی جس کی نشاندہی ان کا یہ شعر کرتا نظر آتا ہے۔

جس کھیت سے دہقان کو میسر نہ ہو روزی
اس کھیت کے ہر خوشۂ گندم کو جلا دو

عرب ممالک میں ظالم و جابر ڈکٹیٹروں کے خلاف جاری بھرپور عوامی تحریک کے بعد اب یورپ میں پھیلنی والی عوامی بیداری کی تحریک، انسانوں پر مطلق العنانی اور چودھراہٹ کے دعویدار امریکہ اور سرمایہ دارانہ نظام سے منسلک ممالک کے لئے شدید ترین خطرے کی گھنٹی ہے۔ انسانوں کی فلاح و بہبود کے نام پر انسانوں کی تباہی کے لئے بنائے جانے والے مصنوعی نظام کیمونزم کی تباہی اور روس کے ٹکڑے ٹکڑے ہونے کے بعد کیپٹلزم یا سرمایہ دارانہ نظام میں دراڑیں اور تباہی کے آثار نظر آ رہے ہیں، یہ آثار انسانوں کو اپنے معبود حقیقی اور کائنات کے مالک اللہ کی طرف رجوع کرنے کی دعوت اور اتمام حجت کی طرف اشارہ کر رہے ہیں کیونکہ اپنے اپنے مفادات کے حصول کے لئے روس یا امریکہ کی پشت پناہی سے بننے والی نام نہاد مشرقی و مغربی سپر پاورز کے کیپٹلزم و کیمونزم کا جنازہ نکلنے کو ہے اور ایسا کیوں نہ ہو! اللہ کا وعدہ ہر حال میں پورا ہوتا ہے۔ سرمایہ دارانہ نظام یا کیپٹلزم کا سارا دارومدار سود پر ہے، اسی لئے سرمایہ دارانہ نظام سے وابستہ ممالک اور ان کا نظام معیشت، بینکنگ اور انڈسٹری وقت گزرنے کے ساتھ ساتھ تباہی سے دوچار ہونا شروع ہو جاتے ہیں۔ اس ظلم پر مبنی نظام کی وجہ سے مالدار لوگ امیر سے امیر تر اور غریب و مفلس انسان غریب سے غریب تر ہو جاتے ہیں۔ جس کی وجہ سے معاشرے میں فساد اور جرائم کے علاوہ عوام الناس میں بیزاری اور عدم برداشت پر مبنی تشدد کا ماحول پروان چڑھتا ہے۔ علامہ اقبال (رح) نے اس زمانے میں اس سرمایہ دارانہ نظام اور سود کی خرابی کا ذکر کچھ یوں کیا تھا۔

جسے کساد سمجھتے ہیں تاجرانِ فرنگ
وہ شے متاعِ ہنر کے سوا کچھ اور نہیں

یا پھر

مشرق کے خداوند سفیرانِ فرنگی
مغرب کے خداوند درخشندہ فلزات
ظاہر میں تجارت ہے حقیقت میں جوا ہے
سود ایک کا لاکھوں کے مرگ مفاجات
ہے دل کے لئے موت مشینوں کی حکومت
احساسِ مروت کو کچل دیتے ہیں آلات

عوامی بیداری اور تحریکوں کی بھینٹ چڑھ کر مصر کے سابق صدر حسنی مبارک (جس نے اسرائیل کے ساتھ مل کر غزہ کا چار سال تک محاصرہ کر رکھا تھا) جیسا ظالم و جابر حکمران اور ڈکٹیٹر بھی عوامی نفرت کا نشانہ بن کر عدالت میں آ جاتا ہے اور رفاہ کراسنگ کھول کر مظلوموں کی دادرسی ہو جاتی ہے، یمن کا عبداللہ صالح ایک دوسرے ڈکٹیٹر شاہ عبداللہ کے ہاں پناہ لینے پر مجبور ہو جاتا ہے، لیبیا کا معمر قزافی جس نے چالیس سال تک عوام کو بے وقوف بنا کر ان کے چار سو بلین ڈالرز کے اثاثے (دنیا کے مختلف یورپی بینکوں میں اپنے بیٹوں اور وفاداروں کے نام پر جمع کرائے) لوٹ لئے، بحرین کے ڈکٹیٹر خاندان آل خلیفہ، امریکہ، شاہ عبداللہ اور اس کے ہم خیال ٹولے کے کرائے کے فوجیوں کی مدد سے عوامی تحریک کو دبانے کی کوششوں میں لگ جاتا ہے لیکن شاید ان لوگوں کو امیر المومنین و خلیفۃ المسلمین علیہ السلام کا یہ قول یاد نہیں رہا کہ "حکومت کفر سے تو چل سکتی ہے لیکن ظلم سے نہیں"۔ علامہ اقبال (رح) نے عرب ممالک کے انہی مطلق

العنان ڈکٹیٹروں کو تنبیہ کرتے ہوئے کہا تھا کہ

اپنی ملت پر قیاس اقوام مغرب سے نہ کر
خاص ہے، ترکیب میں قوم رسول ہاشمی

اقبال (رح) نے شاید عرب عوام بالخصوص حزب اللہ و حماس جیسی حریت پسند تحریکوں کے لئے کہا تھا کہ

نکل کر خانقاہوں سے ادا کر رسم شبیری
کہ فقر خانقاہی ہے فقط اندوہ و دلگیری

یا

مٹایا قیصر و کسریٰ کے استبداد کو جس نے
وہ کیا تھا زور حیدر، فقر بوذر، صدقِ سلمانی

انشاء اللہ وہ وقت دور نہیں جب عوام کے ہاتھ موجودہ امریکی صدر اوباما یا پھر آنے والے امریکی صدور کے علاوہ یورپ اور سرمایہ دارانہ نظام سے وابستہ دیگر ممالک کے حکمرانوں کے گریبانوں میں ہوں گے اور کیونکر نہ ہوں مظلوم فلسطینی، کشمیری، عراقی و افغانی اور پاکستان کے قبائلی علاقوں میں سرمایہ دارانہ نظام سے وابستہ قابض قوتوں اور ان کی کٹھ پتلیوں کے ظلم و جبر کا نشانہ بننے والے عوام کی آہیں اور ظالموں کے خلاف صدائیں آخرکار عرش الٰہی تک پہنچتی تھیں۔ اقبال نے مظلوم فلسطینی، کشمیری، عرب اور افغانی عوامی تحریکوں کی حمایت کے بارے میں کہا تھا،

ہے خاک فلسطین پہ یہودی کا اگر حق
ہسپانیہ پہ حق نہیں کیوں اہل عرب کا
توڑ اس دست جفاکش کو یارب

جس نے روح آزادیِ کشمیر کو پامال کیا

حتیٰ کہ اقبال (رح) نے اغیار کے اشاروں پر اسلام کے نام پر اسلام کو بدنام کرنے ان نام نہاد مجاہدین و مذہبی جنونیوں کا بھی تذکرہ کر رکھا تھا کہ جنہوں نے عراق افغانستان اور پاکستان میں اپنے کلمہ گو بھائیوں کے خون سے ہولی کھیلی ہے۔ ملاحظہ کیجئے اقبال (رح) کی اس حوالے سے دشمن شناسی سے بھرپور پیشن گوئی۔

اللہ سے کرے دور تو تعلیم بھی فتنہ

املاک بھی اولاد بھی جاگیر بھی فتنہ

ناحق کے لیے اٹھے تو شمشیر بھی فتنہ

شمشیر ہی کیا نعرہ تکبیر بھی فتنہ

اسی طرح اقبال (رح) نے افغانستان اور اس سے متصل قبائلی علاقوں پر قابضین کے تسلط کی بھی پیشن گوئی کی تھی اور اپنے فارسی اشعار میں اس کا برملا اظہار کر کے اس کا حل بھی تجویز کیا تھا کہ براعظم ایشیا یا اس خطے میں امن و امان اس وقت قائم ہو سکتا ہے جب افغانستان میں امن ہو گا کیونکہ اگر ایشیا یا اس خطے کو ایک بدن سے تشبیہ دی جائے تو افغانستان اس بدن کا دل ہے اور جب تک دل صحیح نہیں ہو گا تو پورا بدن خراب ہے یعنی نا امنی و دہشتگردی۔

آسیا یک پیکر آب و گل است

ملتِ افغان در آن پیکر دل است

از فسادِ اُو فسادِ آسیا

در گشادِ اُو گشادِ آسیا

کائنات کے خالق و مالک اور معبود برحق کا قرآن مجید میں یہ واضح فیصلہ کہ۔۔۔ سود

اللہ کے ساتھ جنگ کرنے کے مترادف ہے۔۔۔ اس کے باوجود دنیا کے عوام کی آنکھوں میں دھول جھونک کر انہیں سود پر مبنی سرمایہ دارانہ نظام یا کیپٹلزم کے سحر و لالچ میں مبتلا کرنے کا انجام تو آخر کار یہی ہونا تھا۔ اس حوالے سے اگر علامہ محمد اقبال (رح) کی طرف سے انقلاب اسلامی ایران اور اسلامی جمہوریت پر مبنی نظام ولایت فقیہہ امام خمینی (رح) اور ان کے نائب سید علی خامنہ ای (رح) کی دور اندیشی اور دشمن شناسی کا ذکر نہ کیا جائے تو یہ بھی خیانت کے مترادف ہو گا۔ امام خمینی (رح) نے جو شعار بلند کیا تھا کہ لا شرقیہ لا غربیہ۔۔۔ اسلامیہ اسلامیہ۔۔۔ علامہ اقبال (رح) نے اس کی بھی پیشن گوئی کی تھی۔

اٹھ کہ اب بزم جہاں کا اور ہی انداز ہے
مشرق و مغرب میں تیرے دور کا آغاز ہے

یعنی نہ ہی کیمونزم چل سکتا ہے اور نہ ہی کیپٹلزم یا سرمایہ دارانہ نظام بلکہ انسانوں کو اپنے معبود حقیقی کے نظام کی طرف آنا ہو گا۔ جب کیمونزم اور روس اپنے عروج کے نشے میں مبتلا ہو کر دنیا پر حکمرانی اور کیپٹلزم کی شکست کے دعووں میں مبتلا تھا اس وقت امام خمینی (رح) نے روس کے صدر گورباچوف کو مکتوب لکھ کر اس بات کا واضح اشارہ دیا تھا کہ بہت جلد کیمونزم کا خاتمہ ہو جائے گا اور پھر امام خمینی (رح) کی رحلت کے بعد دنیا نے کیمونزم کی بربادی اور نام نہاد سپر پاور روس کے ٹکرے ٹکڑے ہونے کا مشاھدہ کیا۔ اسی طرح امام خمینی (رح) کے نائب سید علی خامنہ ای (رح) نے دو سال پہلے امریکہ کے سرمایہ دارانہ نظام ہی کو امریکہ کی تباہی سے تعبیر کرتے ہوئے روس کی طرح امریکہ کی تباہی و عدم استحکام کی پیشنگوئی کی اور اس نظام سے وابستہ ممالک کے لئے بھی خطرہ قرار دیا تھا، جس کا آغاز ہو گیا ہے۔ علامہ اقبال (رح) نے بھی امام خمینی (رح) کے انقلاب اسلامی اور اسلامی جمہوریت پر مبنی نظریہ ولایت فقیہہ کی بھرپور نشاندہی و تائید کر کے اس کا برملا

اظہار کیا تھا۔ پہلے مغربی نظام جمہوریت کو مخاطب کرتے ہوئے فرمایا۔

جمہوریت اک طرزِ حکومت ہے کہ جس میں
بندوں کو گنا کرتے ہیں تولا نہیں کرتے

پھر اس کا حل اسلامی جمہوریت پر مبنی نظریہ ولایت فقیہہ کی بھرپور نشاندہی و تائید کر کے یوں گویا ہوئے تھے۔

دیکھا تھا افرنگ نے اک خواب جینیوا
ممکن ہے کہ اس خواب کی تعبیر بدل جائے
تہران ہو گر عالم مشرق کا جینوا
شاید کہ کرہ ارض کی تقدیر بدل جائے

عرب ممالک کے بعد یورپی ممالک میں پائی جانے والی تبدیلی اور عوامی بیداری کی لہریں اس بات کی طرف اشارہ کر رہی ہیں کہ دنیا فریب و فتنہ دجال پر مبنی انسانوں کی تباہی کے سرمایہ دارانہ نظام بیزار ہیں، حقیقت و معنویت پر مبنی انسانوں کی فلاح و بہبود عالمی نجات دہندہ کے انقلاب اور فلاحی معاشرے کے قیام کی طرف رواں دواں ہیں۔ عرب ممالک و یورپ میں پھیلنے والی عوامی بیداری اور تحریک حریت اس بات کی طرف بھی اشارہ کر رہی ہیں کہ دنیا کے عوام اب سفیانی و دجال (۱،۲) کے باطل فتنوں سے نجات پا کر عالمی نجات دہندہ امام مہدی (ع) اور حضرت عیسی علیہ السلام (۳) کے ظہور کی طرف بڑھ رہے ہیں۔ کیونکہ یہ بھی وعدہ الٰہی ہے اور اللہ کا وعدہ ہر حال میں پورا ہو کر رہتا ہے، بقول شاعر

بتا رہی ہیں یہ تبدیلیاں زمانے کی
کسی ولی کا یقیناً ظہور ہونا ہے

حکیم الامت علامہ اقبال(رح) نے دنیا بھر کے انسانوں کے لئے عالمی فلاحی معاشرے اور عالمی نجات دہندہ کے اس نظریے کے بارے میں کئی دہائیاں پہلے اشارہ کر کے انسانوں کو اس حوالے سے تیاری کرنے کا سبق اپنے اشعار میں دیا اور اس کی پیشین گوئی کی، عالمی نجات دہندہ امام مہدی (ع) کے حوالے سے دو اشعار پیش خدمت ہیں۔

کبھی اے حقیقت منتظر نظر آ لباس مجاز میں
کہ ہزاروں سجدے تڑپ رہے ہیں مری جبیں نیاز میں

یا

دنیا کو ہے اس مہدیِ برحق کی ضرورت
ہو جس کی نگہ زلزلہ عالم افکار

عرب ممالک کے بعد یورپ میں پھیلنی والی عوامی بیداری و تحریکیں انشا اللہ حکیم الامت علامہ اقبال (رح) کے ایک اور خواب کی تکمیل یعنی عالمی فلاحی معاشرے کے قیام کا پیش خیمہ ثابت ہوں گی۔ (انشاءاللہ)

1: (سفیانی) یاد رہے کہ سفیانی کو سفیانی اس لئے کہتے ہیں کہ وہ اسلام کی اولین دشمنی کرنے والے ابوسفیان کی اولاد سے ہو گا۔

2: (دجّال) دجّال صیہونیوں اور بعض صیہونیت کے زیر اثر شدت پسند عیسائیوں کا نجات دہندہ ہے، جبکہ بعض عیسائی حضرت عیسی (ع) کو ہی نجات دہندہ تصور کرتے ہیں۔

3: (عیسیٰ) مسلمانان عالم کے عقیدے کے مطابق حضرت عیسی (ع) امام مہدی (ع) کی نصرت کے لئے تشریف لائیں گے اور امام مہدی (ع) کی امامت میں بطور مقتدی نماز جماعت میں بھی حصہ لیں گے۔

☆☆☆

علامہ اقبال، ایک عظیم شاعر اور اعلیٰ ترین انسان
جنرل ریٹائرڈ عبدالقیوم

Floria نے کہا تھا:

"The tears of the poet fill the Pen"

یعنی شاعر اپنی قلم میں سیاہی کی بجائے آنسو بھرتا ہے۔ اس کا مطلب یہ ہوا کہ شاعر اپنے تصورات اور خیالات کو اپنے دکھوں اور غموں میں ڈبو کر اپنے قلم کی نوک سے کاغذ پر پرو دیتا ہے۔

Bamerson نے کہا تھا:

"Painting is called silent poetry and poetry speaking painting"

یعنی فن مصوری دراصل خاموش شاعری، اور شاعری ایک بولتی ہوئی مصوری ہے۔ شاعری دراصل ایک خداداد صلاحیت ہے۔ جس کی مدد سے شاعر اپنے تصورات کو ایک دلکش انداز میں پیش کرتا ہے۔ شاعری ایک رویے کا نام ہے۔ ہر شعر کہنے والا شائد شاعر نہ ہو اور بہت سے ایسے حساس اور دکھی انسانیت کا دل میں غم رکھنے والے لوگ شعر کہے بغیر بھی دراصل شاعر ہوتے ہیں۔ شاعر کی خوبی یہ ہوتی ہے کہ وہ مختصر الفاظ میں بہت بڑی بات کہہ دیتا ہے۔ مثلاً

علامہ اقبال کا یہ شعر ملاحظہ فرمائیں:

کافر کی یہ پہچان کہ آفاق میں گم ہے
مومن کی یہ پہچان کہ گم اُس میں ہے آفاق

علامہ اقبال پچھلی صدی کے نہیں بلکہ انسانی تاریخ کے ایک بہت بڑے مفکر اور شاعر تھے۔ اُن کی عظمت کا اصل راز اس بات میں تھا کہ وہ عاشق رسول ص تھے۔ اُن کے کلام کی اصلی بنیاد قرآن کریم کی ہدایات اور نبی کریم ص کے فرمودات تھے۔

قول اور فعل کے تضادات کو اسلامی تعلیمات کی روشنی میں ختم کرنے کے لیے علامہ اقبال فرماتے ہیں:

خرد نے کہہ بھی دیا لاالہ تو کیا حاصل
دل و نگاہ مسلمان نہیں تو کچھ بھی نہیں

علامہ اقبال 9 نومبر 1877ء کو پیدا ہوئے۔ ابتدائی تعلیم سیالکوٹ میں حاصل کی۔ گورنمنٹ کالج لاہور کے علاوہ، انگلینڈ اور جرمنی کے مختلف اداروں میں بھی تعلیم حاصل کی۔ اُن کو اُردو، فارسی، عربی اور انگلش زبانوں پر مکمل عبور حاصل تھا۔ اُن کی فارسی شاعری، اُردو شاعری سے بھی زیادہ گہری اور پُر اثر ہے۔ کئی لوگ تو یہاں تک کہتے ہیں کہ جس نے علامہ اقبال کی فارسی شاعری کو نہیں پڑھا یا سمجھا وہ علامہ اقبال کی عظمت سے مکمل آشنا نہیں۔

علامہ اقبال صحیح معنوں میں اسلامی نظام کے حامی تھے، اور اُن کے خیال میں مذہب کے بغیر سلطنت کا تصور مکمل نہیں۔ 1907ء میں انہوں نے کہا تھا کہ انگریز قوم چرچ کو ریاست سے الگ کر کے غلطی کر رہی ہے۔ پھر 1931ء میں انہوں نے فرمایا کہ اگر مغرب بیسویں صدی کی ابتداء میں ایسا نہ کرتا تو شائد پہل جنگ عظیم جس میں لاکھوں

انسانی جانیں تلف ہوئیں، شائد نہ لڑی جاتی، چونکہ مذہب کو ریاست سے الگ کر کے مغرب نے اخلاقیات کو خدا حافظ کہہ دیا، اس لیے اپنے معاشی مفادات اور توسیع پسندانہ پالیسی کو اپناتے ہوئے پہلی اور دوسری جنگ عظیم میں کئی ملین یہودیوں سمیت لاکھوں بے گناہ لوگوں کو تہ تیغ کر دیا۔

علامہ اقبال نے جوان نسل کے حوصلے بلند کرنے کے لیے فرمایا:

تو راہ نورد شوق ہے منزل نہ کر قبول
لیلیٰ بھی ہم نشیں ہو تو محمل نہ کر قبول

پھر انہوں نے مسلمانوں کو اپنی محنت سے اپنا جہاں پیدا کرنے کی تلقین فرمائی اور کہا کہ محنت اور دل لگی سے دنیا کی ہر چیز کو حاصل کی جا سکتا ہے۔ جس کے لیے ہم اپنی دنیا کو اپنے ایمان، اعتقاد، تصورات اور اعمال سے خود پیدا کرتے ہیں۔

علامہ اقبال فرماتے ہیں:

وہی جہاں ہے ترا جسے تو کرے پیدا
یہ سنگ و خشت نہیں جو تیری نگاہ میں ہیں

پھر علامہ اقبال نے انکساری کا درس بھی دیا۔ انہوں نے فرمایا کہ آپ زندگی میں شاہین یا عقاب تو ضرور بنیں، لیکن ہاتھوں سے افلاک کا دامن بالکل جدا نہ ہونے دیں۔

علامہ اقبال کہتے ہیں:

مانند سحر صحنِ گلستان میں قدم رکھ
آئے تہ پا گوہر شبنم تو نہ ٹوٹے
ہو کوہ و بیاباں سے ہم آغوش و لیکن
ہاتھوں سے ترے دامن افلاک نہ چھوٹے

علامہ اقبال نے بار بار یہ کہا کہ یہ زندگی اور موجودہ جہاں دائمی نہیں۔ اس لیے مومن کو اپنی دائمی زندگی کے لیے تیاری کرنی چاہیے۔ چونکہ یہ زندگی تو ایک پل میں پانی کے بلبلے کی طرح فوراً ختم ہو جاتی ہے۔ یہی وجہ ہے کہ علامہ اقبال فرماتے ہیں کہ:

خرد مندوں سے کیا پوچھوں کی میری ابتداء کیا ہے
کہ میں اس فکر میں رہتا ہوں میری انتہاء کیا ہے

علامہ اقبال فرماتے تھے کہ انسان کی عظمت کا راز امارت یا تو انگری میں پنہاں نہیں اور نہ ہی انسان کی افضلیت کے معیار کا اصلی پیمانہ اُس کے بڑے عہدے، عالی شان محل، بے پناہ جائیدادیں یا قیمتی پرائیویٹ جہاز اور کاریں ہیں۔ اصل بات تو فقیری اور قلندری ہے، جو روحانیت کا درس دیتی ہے اور یہ رتبہ تقویٰ اور کردار کی بلندی سے حاصل ہوتا ہے۔ علامہ فرماتے ہیں:

میرا طریق امیری نہیں فقیری ہے
خودی نہ بیچ غریبی میں نام پیدا کر

اللہ تعالیٰ کے حقوق ادا کرنا تو ہر ایک انسان کا فرض ہے۔ لیکن غفور و الرحیم کا یہ فرمان بھی ہے کہ "بندوں کے حقوق اللہ کے حقوق سے بھی زیادہ اہم ہیں" اور اسی چیز کو علامہ اقبال نے بڑی خوبصورتی سے ان الفاظ میں ادا کیا ہے:

خدا کے عاشق تو ہیں ہزاروں، بنوں میں پھرتے ہیں مارے مارے
میں اُس کا بندہ بنوں گا جس کو، خدا کے بندوں سے پیار ہو گا

آج کے دور میں پاکستان جس بد ترین لعنت کا شکار ہے وہ رشوت خوری کی قابل نفرت اور مہلک مرض ہے۔ کہیں بھی کوئی کام رشوت کے بغیر کروانا تقریباً ناممکن نظر آتا ہے۔ دُکھ کی بات یہ ہے کہ یہ لعنت ایک پٹواری، پولیس کے سپاہی اور کسٹم کے سٹاف

ممبر سے لے کر پاکستان کے سب سے بڑے عہدوں تک کینسر کی طرح پھیلی ہوئی ہے۔ لوگ یہ نہیں سوچتے کہ رزق حلال ہی انسان کی دائمی زندگی میں اُس کی نجات کا باعث بنے گا۔ اس لعنت سے چھٹکارا حاصل کرنے کے لیے علامہ اقبال نے اپنے اس شعر میں کوزے کے اندر سمندر بند کر دیا ہے۔

علامہ اقبال فرماتے ہیں:

اے طائرِ لاہوتی اُس رزق سے موت اچھی

جس رزق سے آتی ہو پرواز میں کوتاہی

بدقسمتی یہ ہے کہ اس دنیا کے اندر مال حرام کھانے والے، دوسرے کو دھوکہ دینے والے اور سرکاری خزانے کو لوٹنے والے، یہ سمجھتے ہیں کہ وہ ہر لحاظ سے کامیاب حکمرانی کر رہے ہیں۔ یہ نہ جانتے ہوئے کہ جس کو وہ اپنی کامیابی سمجھتے ہیں، اللہ کی نگاہ میں وہ اُن کا نہایت ناپسندیدہ فعل بھی ہو سکتا ہے۔ ایک فرانسیسی دانشور نے کہا تھا:

"You will have to wait until the evening to see how splendid the day has been"

اور اسی چیز کو علامہ اقبال نے اپنے ایک شعر میں یوں ادا کیا ہے:

ممکن ہے کہ تو جس کو سمجھتا ہے بہاراں

اوروں کی نگاہوں میں وہ موسم ہو خزاں کا

علامہ اقبال یہ بھی فرماتے ہیں کہ "ہماری عارضی زندگی اور موجودہ دنیا دکھ اور غم سے عبارت ہے اور اس زندگی میں اللہ کے پاکیزہ، بااُصول اور باکردار بندے اپنی صاف گوئی، نیک نیتی اور حق پرستی کی وجہ سے جو تکلیفیں اُٹھاتے ہیں، اُن کو اللہ تعالیٰ دائمی زندگی میں بہت زیادہ اپنے کرم اور رحم سے نوازتے ہیں۔ اسی لیے علامہ اقبال نے انسان

کے دل کو آئینے سے تشبیہ دیتے ہوئے فرمایا:

تو بچا بچا کے نہ رکھ اسے، تیرا آئینہ ہے وہ آئینہ
کہ شکستہ ہو تو عزیز تر ہے نگاہِ آئینہ ساز میں

یا پھر اعلیٰ کردار اور ایمان کی متاع کے حوالے سے وہ فرماتے ہیں:

بس یہی ہے ساقی متاع فقیر
اسی سے فقیری میں ہوں میں امیر

ہم کئی دفعہ سوچتے ہیں کہ جن ممالک کے پاس تیل اور گیس کے کنویں نہیں یا جن افراد کے پاس زر اور دولت نہیں۔ وہ زوال پذیر ہو جاتے ہیں۔ علامہ اقبال فرماتے ہیں کہ یہ بات غلط ہے۔ اُنہوں نے فرمایا:

سبب کچھ اور ہے تو جس کو خود سمجھتا ہے
زوال بندہ مومن کا بے زری سے نہیں
گر جہاں میں مرا جوہر آشکار ہوا
قلندری سے ہوا ہے تو نگری سے نہیں

علامہ اقبال نے پاکستان کا خواب دیکھا، یہی وجہ ہے کہ قائد اعظم محمد علی جناح، علامہ اقبال کو اپنے لیے مشعل راہ مانتے تھے۔ اُنہوں نے علامہ کے خواب کو تعبیر میں بدل دیا۔ ابھی ہمیں اپنے پاکستان کی حفاظت کرنی ہے، جو ہم انشاء اللہ ضرور کریں گے، لیکن اس کی شرط یہ ہے کہ ہمیں علامہ اقبال کے کلام کو نہ صرف سمجھنا ہو گا بلکہ اُن کے افکار کو عملی جامہ پہنانا ہو گا۔ علامہ اقبال بغیر کسی شک کے ایک بہت بڑے مدبر، عظیم شاعر، بہترین سیاستدان، دور رس سوچ والے Statesman اور سب سے بڑھ کے ایک اعلیٰ ترین انسان تھے۔

علامہ اقبال کے ان اشعار پر اپنے کالم کو ختم کرتا ہوں۔

تیری نگاہ میں ثابت نہیں خدا کا وجود
میری نگاہ میں ثابت نہیں وجود ترا
وجود کیا ہے، فقط جوہرِ خودی کی نمود
کر اپنی فکر کہ جوہر ہے بے نمود ترا

☆☆☆

حکیم الامت علامہ اقبال (رح) کی کربلا شناسی
ترتیب و تنظیم : ساجد حسین

یوں تو دنیا بھر میں موجود زبانوں اور مذاہب میں ذکر کربلا و حسین (ع) ابن علی (ع) جلی حروف میں خراج عقیدت کے طور پر ملے گا، لیکن جب برصغیر میں آزادی کی تحریک چلی تو کربل کی روایت اردو شاعری میں پھولی پھلی، مولانا محمد علی جوہر تحریک خلافت کے روح رواں تھے، انہوں نے اپنی جدوجہد اور شاعری سے ہندوستان کے مسلمانوں کو زبان دی، ان کے اشعار میں جابجا کربلا کی مناسبت سے تذکرہ ملتا ہے، ان کے یہ مشہور شعر جو آج بھی زبان زد عام ہیں، ملاحظہ کیجئے۔ اسی طرح مولانا ظفر علی خان نے بھی خراج عقیدت پیش کیا ہے۔

قتل حسین اصل میں مرگ یزید ہے
اسلام زندہ ہوتا ہے ہر کربلا کے بعد

اس کے علاوہ بھی مولانا کے اشعار ہیں کہ جن میں انہوں نے ظلم و جور، جبر و استبداد کے خلاف کربلا کو ہی اپنا نمونہ عمل بنایا ہے۔

پیغام ملا تھا جو حسین (ع) ابن علی (ع) کو
خوش ہوں وہی پیغام قضاء میرے لئے ہے
فرصت کسے خوشامد شمر و یزید سے

اب ادعائے پیروی پنجتن کہاں

کہتے ہیں لوگ ہے رہ ظلمات پُر خطر

کچھ دشت کربلا سے سوا ہو تو جانیئے

جب تک کہ دل سے محو نہ ہو کربلا کی یاد

ہم سے نہ ہو سکے گی اطاعت یزید کی

بنیاد جبر و قہر اشارے میں ہل گئی

ہو جائے کاش پھر وہی ایمائے کربلا

روز ازل سے ہے یہی اک مقصد حیات

جائے گا سر کے ساتھ ہی سودائے کربلا

اب بھی چمک رہا ہے حسین (ع) و علی (ع) کا نام

اور خاک اڑ رہی ہے یزید و زیاد کی

شہادت امام حسین (ع) کے نئے اور ہر زمانے سے موقف "کل یوم عاشورا کل ارض کربلا" کے پہلوؤں پر سب سے پہلے علامہ اقبال (رح) نے اظہار خیال کیا ہے، اقبال نے اردو اور فارسی میں اس کا تذکرہ کیا ہے، علامہ اقبال امام حسین (ع) سے روشنی لے کر ملت کی شیرازہ بندی کرنا چاہتے تھے۔

غریب و سادہ و رنگین ہے داستان حرم

نہایت اس کی حسین (ع)، ابتدا ہے اسماعیل (ع)

صدق خلیل بھی ہے عشق، صبر حسین بھی ہے عشق

معرکہ وجود میں بدر و حنین بھی ہے عشق

علامہ اقبال کربلا اور امام حسین (ع) کو قربانی اسماعیل (ع) کا تسلسل جانتے ہیں بلکہ

''ذبح عظیم'' کا مصداق قرار دیتے ہیں، جس کا اظہار انھوں نے اپنے فارسی کلام میں بھی کیا ہے۔

اللہ اللہ بائے بسم اللہ پدر معنیٔ ذبح عظیم آمد پسر

یعنی کہ حضرت اسماعیل (ع) کی قربانی کو جس عظیم قربانی سے بدل دیا گیا تھا وہ امام حسین (ع) کی قربانی ہے اور یہ نکتہ کوئی آگاہ شخص ہی بیان کر سکتا ہے اور یہ قربانی مفہوم کی دلربا تفسیر بھی ہے، اس سے پتا چلتا ہے کہ قربانی حسین (ع) کا اسلام میں کیا مقام ہے اور منشاء ایزدی میں قربانی حسین (ع) کب سے جلوہ گر تھی۔

اقبال کی شاعری میں یہ اشعار بھی ملتے ہیں:

حقیقت ابدی ہے مقام شبیری
بدلتے رہتے ہیں انداز کوفی و شامی
قافلہ حجاز میں ایک حسین بھی نہیں
گرچہ ہے تابدار ابھی گیسوئے دجلہ و فرات

''بال جبرائیل'' میں علامہ ''فقر'' کے عنوان سے ایک مختصر نظم میں جس میں فقر کی اقسام بیان کرتے ہوئے کہتے ہیں:

اک فقر سکھاتا ہے صیاد کو نخچیری
اک فقر سے کھلتے ہیں اسرار جہانگیری
اک فقر سے قوموں میں مسکینی و دلگیری
اک فقر سے مٹی میں خاصیت اکسیری
اک فقر ہے شبیری اس فقر میں ہے میری
میراث مسلمانی، سرمایہ شبیری

علامہ اقبال برصغیر کے مسلمانوں خصوصاً علماء کرام اور حجروں میں بند بزرگان دین کو دعوت فکر دیتے ہیں کہ وہ میدان عمل یعنی سڑکوں شاہراہوں پر آکر امام حسین (ع) کے پیغام کو عملی بنائیں۔

نکل کر خانقاہوں سے ادا کر رسم شبیری
کہ فقر خانقاہی ہے فقط اندوہ دلگیری
(ارمغان حجاز)

جس وقت علامہ نے یہ بات کی تو پوری امت محمدی (ص) غلامی کی زنجیروں میں جکڑی ہوئی تھی، مگر علامہ انہیں رسم شبیری ادا کرنے کا کہہ رہے ہیں، اقبال کی فکر کتابوں میں رہ جاتی مگر ایران میں ایک مرد جلیل نے رسم شبیری ادا کر کے اس فکر کو دنیا میں جیتا جاگتا مجسم کر دیا ہے، آج جہاں بھی مسلمان موجود ہیں وہ رسم شبیری ادا کر رہے ہیں یا اسی فکر کو اپنانے کی فکر میں ہیں لیکن اقبال یہ فکر دینے میں فوقیت حاصل کر گئے۔ اس شخصیت امام خمینی (رح) نے کربلا و امام حسین (رح) کو آئیڈیل بنا کر انقلاب اسلامی برپا کر دیا۔

امام خمینی (رح) برملا فرماتے تھے کہ دنیا ہمیں رونے والی قوم اور عزاداری و ماتم والے کہہ کر مذاق اڑاتے تھے، لیکن ہم نے انہیں آنسوؤں اور عزاداری و ماتم سید الشہدا امام حسین (ع) کی مدد سے صدیوں پر محیط ڈکٹیٹر شپ کا خاتمہ کر دیا، ہمارے پاس جو کچھ بھی ہے وہ محرم و کربلا کی وجہ سے ہے۔ محرم و صفر کے مہینوں نے اسلام کو زندہ کر دیا ہے۔ علامہ اقبال نے بھی اسی موضوع کی طرف اشارہ کرتے ہوئے انقلاب اسلامی ایران کی پیشن گوئی کی تھی، اور انقلاب و واقعہ کربلا کی وجہ سے حزب اللہ و حماس جیسی حریت پسندوں کا امریکہ و اسرائیل کے عزائم کو شکست دینا واقعہ کربلا ہی کے مرہون منت ہے۔

حدیث عشق دو باب است کربلا و دمشق
یک حسین رقم کرد و دیگر زینب
تہران ہو گر عالم مشرق کا جنیوا
شاید کہ کرہ ارض کی تقدیر بدل جائے

حکیم الامت علامہ اقبال (رح) نے نہ صرف کربلا و حقیقی اسلام کو عیاں کیا بلکہ اسلام کے نام و لبادے میں خوارج و یزیدی عناصر چاہے چودہ سال پہلے کے ہوں تا آج کے دور کے یزید امریکہ کے ایجنٹ القاعدہ طالبان و سپاہ یزید کی صورت میں ہوں ان سب کو عیاں کر دیا۔ کربلا شناس و حکیم الامت علامہ اقبال نے سن اکسٹھ ہجری اور اکیسویں صدی کی یزیدیت کو بے نقاب کرتے ہوئے فرمایا:

عجب مذاق ہے اسلام کی تقدیر کے ساتھ
کٹا حسین (ع) کا سر نعرہ تکبیر کے ساتھ

اسی طرح آج کے دور اکیسیویں صدی کے یزید وقت امریکہ کے ایجنٹ اسلام کے نام پر جہاد بنام فساد کی صورت میں ان خوارج و یزیدان عصر کی اسلام دشمنی اور فتنہ کے بارے میں بھی اقبال نے پیشین گوئی کی تھی۔ اور یوں برملا اظہار کیا تھا۔

ناحق کے لئے اٹھے تو شمشیر بھی فتنہ
شمشیر ہی کیا نعرہ تکبیر بھی فتنہ

یعنی اسلام کو چودہ سال پہلے بھی اسلام کے لبادے میں موجود خوارج و یزیدیوں نے بدنام کر کے نواسہ رسول (ص) سید الشہدا امام حسین (ع) کو نعرہ تکبیر کے اشعار بلند کر کے شہید کر دیا۔ اور آنے والے زمانے میں بھی یزید وقت امریکہ کے ایجنٹ القاعدہ طالبان و سپاہ یزید کی شکل میں مساجد، عوامی مقامات امام بارگاہوں و مزارات کو نعرہ تکبیر

کے شعار کی گونج میں قتل عام وخودکش حملے کر کے اسلام کو پوری دنیا میں بدنام کریں گے۔ علامہ اقبال (رح) کے مذکورہ اشعار فکر قرآنی کے ہر دور میں ظالم و مظلوم اور حق و باطل کا سامنا ہو گا، اسی طرح کل یوم عاشورا کل ارض کربلا۔۔۔یعنی ہر روز عاشورا و ہر شہر کربلا ہے۔۔۔کی تفسیر نظر آتی ہے۔

علامہ اقبال کا کچھ کلام باقیات اقبال کے نام سے شائع ہوا ہے، جسے علامہ اقبال نے اپنے کلام کو مرتب کرتے وقت نظر انداز کر دیا تھا، اس میں سے دو شعر پیش ہیں:

جس طرح مجھ کو شہید کربلا سے پیار ہے
حق تعالیٰ کو یتیموں کی دعا سے پیار ہے
رونے والا ہوں شہید کربلا کے غم میں
کیا دُر مقصود نہ دیں گے ساقی کوثر مجھے

علامہ اقبال نے اپنے کلام کو وسعت اور زندہ و جاوید رکھنے کے لئے جہاں آفاقی نظریات پیش کئے وہاں فارسی زبان میں بھی اظہار خیال فرمایا۔ علامہ کے فارسی کلام کو پڑھے بغیر ان کے نظریات بالخصوص "نظر خودی" سے مکمل آگاہی حاصل نہیں ہو سکتی۔ علامہ اقبال نے رموز بے خودی میں "در معنی حریت اسلامیہ و سیر حادثہ کربلا" کے عنوان سے امام عالی مقام (ع) کو خراج عقیدت پیش کیا ہے، علامہ اقبال اسلام کی خصوصیات بیان کرتے ہوئے کربلا کا تذکرہ کرتے ہیں شروع کے کچھ اشعار عقل و عشق کے ضمن میں ہیں اس کے بعد اقبال جب اصل موضوع پر آئے ہیں تو صاف اندازہ ہوتا ہے کہ وہ کردار حسین (ع) کو کس نئی روشنی میں دیکھ رہے ہیں اور کن پہلوؤں پر زور دینا چاہتے ہیں، حسین (ع) کے کردار میں انہیں عشق کا وہ تصور نظر آتا ہے جو ان کی شاعری کا مرکزی نقطہ ہے اور اس میں انہیں حریت کا وہ شعلہ بھی ملتا ہے جس کی تب و تاب سے

وہ ملت کی شیرازہ بندی کرنا چاہتے تھے آیئے ان فارسی اشعار کا مطالعہ کرتے ہیں:

ہر کہ پیماں باھُوَ الموجود بست
گردنش از بند ہر معبود رست

"جو شخص قوانین خداوندی کی اتباع کو مقصود زندگی قرار دے لے اور اسی طرح اپنا عہد و پیمان اللہ سے باندھ لے، اس کی گردن میں کسی آقا کی غلامی اور محکومی کی زنجیر نہیں رہتی۔"

پہلے شعر کے بعد علامہ نے عشق و عقل کا خوبصورت موازنہ پیش کیا ہے یہ موازنہ پیش کر کے اقبال بتانا چاہتے ہیں کہ امام حسین (ع) اور کربلا کو سمجھنے کے لئے عقل کافی نہیں بلکہ عشق کی نظر چاہیئے امام عالی مقام (ع) کا یہ کارنامہ عقل کی بنا پر ظہور پذیر نہیں ہوا بلکہ عشق کی قوت کار فرما تھی، اس لئے ایسے لوگ جو عقلی دلائل پر واقعہ کربلا کی توضیح کرتے ہیں وہ ہمیشہ شک و تردید کا اظہار کرتے ہوئے نظر آتے ہیں، جو عشق کی نظر سے دیکھتے ہیں تو پھر وہ اس نتیجہ پر جا پہنچتے ہیں جہاں علامہ اقبال پہنچ گئے ہیں:

عشق را آرام جاں حریت است
ناقہ اش را ساربان حریت است

عشق کو کامل سکون اور اطمینان آزادی سے ملتا ہے اس کے ناقہ کی ساربان حریت ہے۔"

آن شنیدستی کہ ہنگام نبرد
عشق با عقل ہوس پرور چہ کرد

اقبال تمہیدی اشعار کے بعد واقعہ کربلا کی طرف آتے ہیں اور کہتے ہیں "تم نے سنا ہے کہ کربلا کے میدان میں عشق نے عقل کے ساتھ کیا کیا۔

آں امام عاشقان پسر بتول (س)

سرِ آزادے زبستان رسول (ص)

اللہ اللہ بائے بسم اللہ پدر

معنی ذبح عظیم آمد پسر

عاشقوں کے امام حضرت فاطمہ (س) کی اولاد اور حضور (ص) کے گلستان کے پھول ہیں حضرت علی (س) ان کے والد بزرگوار ہیں، اس میں "اللہ اللہ" وہ کلمہ تحسین ہے جو مرحبا اور شاباش کے معنوں میں آتا ہے، اس کے بعد حضرت علی (ع) کو "بائے بسمہ اللہ" سے یاد کیا گیا ہے، یہ خود علامہ اقبال کی اہل بیت (ع) شناسی پر ایک دلیل ہے، امام حسین (ع) کو "ذبح عظیم" کے مصداق قرار دیا ہے، علامہ اقبال قربانی امام حسین (ع) کو قربانی اسماعیل (ع) کا تسلسل قرار دیتے ہیں۔

بہر آں شہزادہ خیر الممل

دوش ختم المرسلین نعم الجمل

روایت میں ہے کہ ایک دن نبی اکرم (ص) اپنے دونوں نواسوں کو کندھوں پر سوار کر کے کھلا رہے تھے، آپ (ص) نے اس وقت فرمایا کہ تمہارا اونٹ کیسا اچھا ہے اور اس کی سواریاں کیسی خوب ہیں "نعم الجمل" اسی واقعہ کی طرف اشارہ ہے۔

سرخ رو عشق غیور از خون او

شوخی ایں مصرع از مضمون او

امام حسین (ع) کے خون کی رنگینی سے عشق غیور سرخ رو ہے، کربلا کے واقعہ سے اس موضوع میں حسن اور رعنائی پیدا ہو گئی ہے۔

درمیاں امت آں کیواں جناب

ہمچو حرف قل ھو اللہ در کتاب

امت محمدیہ (ص) میں آپ (ع) کی حیثیت ایسی ہی ہے جیسے قرآن مجید میں سورۂ اخلاص کی ہے، سورۂ اخلاص میں توحید پیش کی گئی جو کہ قرآنی تعلیمات کا مرکزی نکتہ ہے، اسی طرح امام حسین (ع) کو بھی امت میں مرکزی حیثیت حاصل ہے۔

موسیٰ و فرعون و شبیر و یزید
ایں دو قوت از حیات آید پدید
زندہ حق از قوت شبیری است
باطل آخر داغ حسرت میری است

دنیا میں حق و باطل کی کشمکش شروع سے چلی آ رہی ہے، اس کشمکش میں مجاہدین کی قوت بازو سے حق کا غلبہ ہوتا ہے اور باطل شکست و نامرادی سے دوچار۔

چوں خلافت رشتہ از قرآن گسیخت
حریت راز ہر اندر کام ریخت
خاست آں سر جلوہ خیر الامم
چوں سحاب قبلہ باراں در قدم
بر زمین کربلا بارید و رفت
لالہ در ویرانہ کارید رفت

جب خلافت کا تعلق قرآن سے منقطع ہو گیا اور مسلمانوں کے نظام میں حریت فکر و نظر باقی نہ رہی تو اس وقت امام حسین (ع) اس طرح اٹھے جیسے جانب قبلہ سے گھنگھور گھٹا اٹھتی ہے یہ بادل وہاں سے اٹھا کربلا کی زمین پر برسا اور اسے لالہ زار بنا دیا۔

تا قیامت قطع استبداد کرد
موج خون او چمن ایجاد کرد

آپ (ع) نے اس طرح قیامت تک ظلم و استبداد کے راستے بند کر دیئے اور اپنے خون کی سیرابی سے رہگزاروں کو چمنستان بنادیا۔

بہر حق در خاک وخوں غلطیدہ است

پس بنائے لا الہ گر ویدہ است

آپ (ع) نے حق کے غلبہ کے لئے جان دے دی اور اس طرح توحید کی عمارت کی بنیاد بن گئے بنائے "لا الہ" میں تلمیح ہے خواجہ معین الدین چشتی کے اس مصرع کی طرف: "حقا کہ بنائے لا الہ ھست حسین۔

مدعایش سلطنت بودے اگر

خود نکردے با چنیں سامان سفر

دشمناں چو ریگ صحرا لاتعد

دوستان او بہ یزداں ہم عدد

اگر آپ (ع) کا مقصد حصول سلطنت ہوتا تو اس بے سروسامانی میں نہ نکلتے بلکہ دیگر سامان و اسباب سے قطع، ساتھیوں کی تعداد کے اعتبار سے دیکھئے تو یہ حقیقت واضح ہو جاتی ہے کہ مخالفین کا لشکر لاتعداد تھا، مگر آپ (ع) کے ساتھ صرف بہتر (72) نفوس تھے، یہاں علامہ نے یزداں کے عدد "72" کا حوالہ دیا ہے۔

سر ابراہیم (ع) واسماعیل (ع) بود

یعنی آں جمال را تفصیل بود

کربلا کے واقع میں قربانی اسماعیل (ع) کی تفصیل ہے۔

تیغ بہر عزت دین است وبس

مقصد او حفظ آئین است وبس

مومن کی تلوار ہمیشہ دین کے غلبہ و اقتدار کے لئے اٹھتی ہے، ذاتی مفاد کے لئے نہیں اس کا مقصد آئین اور قانون کی حفاظت ہوتا ہے۔

ماسوا اللہ را مسلمان بندہ نسیت

پیش فرعونی سرش افگندہ نسبت

مسلمان اللہ کے سوا کسی کا محکوم نہیں ہوتا اس کا سر کسی فرعون کے سامنے نہیں جھکتا۔

خون او تفسیر ایں اسرار کرد

ملت خوابیدہ را بیدار کرد

امام حسین (ع) کے خون نے ان اسرار و رموز دین کی تفسیر کر دی اور سوئی ہوئی ملت کو جگایا۔

تیغ لا چو از میاں بیروں کشید

از رگ ارباب باطل خوں کشید

انہوں نے جب "لا" کو بے نیام کیا تو باطل کے خداؤں کی رگوں سے خون جاری ہو گیا۔

نقش الا اللہ بر صحرا نوشت سطر عنوان نجات ما نوشت

باطل کے خداؤں کو مٹانے کے بعد انھوں نے سرزمین کربلا پر خدا کی توحید کا نقش ثبت کر دیا وہ توحید جو ہماری نجات کا سرعنوان ہے۔

رمز قرآن از حسین (ع) آموختیم بہ آتش او شعلہ ھا اندوختیم

ہم نے قرآن کے رموز و اسرار امام حسین (ع) سے سیکھے ہیں، ان کی حرارت ایمانی سے ہم نے شعلہ ہائے حیات کو جمع کیا ہے۔

شوکت شام و سحر بغداد رفت سطوت غرناطہ ہم از یاد رفت

تار ما از خمہ اش لرزاں ہنوز تازہ از تکبیر او ایمان ہنوز

دنیا میں مختلف مذاہب اور مسلمانوں کی کئی سلطنتیں قائم ہوئیں اور مٹ گئیں، لیکن داستان کربلا ابھی تک زندہ ہے، ہمارے تار حیات میں پوشیدہ نغمے اسی مضراب سے بیدار ہوتے ہیں، امام حسین (ع) نے تکبیر کی جو آواز بلند کی تھی اس سے ہمارے ایمانوں میں تازگی پیدا ہو جاتی ہے۔

اے صبا اے پیک دور افتاد گاں

اشک ما بر خاک پاک اور ساں

اے صبا! تو ہماری نم آلود آنکھوں کا سلام مرقد امام حسین (ع) تک پہنچا دے۔

علامہ اقبال کے کلام سے مزید مثالیں بھی پیش کی جا سکتی ہیں۔ لیکن طوالت سے بچنے کے لئے حضرت معین الدین چشتی اجمیری کا وہ مشہور کلام جس نے مقصد امام حسین و قیام کربلا سمندر کو کوزے میں بند کرنے کی کوشش کی ہے۔

شاہ است حسین بادشاہ است حسین

دین است حسین دین پناہ است حسین

سر داد نہ داد دست در دست یزید

حقا کہ بنائے لا الہ است حسین

"کل یوم عاشورا کل ارض کربلا" کے مطابق حال ہی میں وقت کے سب سے بڑے شیطان صہیونیت و اسرائیل کی طرف سے مظلومین غزہ فلسطین پر شیطان بزرگ و یزید وقت امریکہ کی حمایت سے بربریت یقیناً آج کی کربلا ہے۔ اسی طرح کشمیر، بحرین افغانستان اور پاکستان اور دیگر جگھوں پر بھی کربلائیں برپا ہیں۔ انشاء اللہ وہ دن دور نہیں جب وقت کا ظالم و جابر اور یزید وقت امریکہ بھی اپنے انجام کو پہنچے گا کیونکہ امریکہ کی

بیس سے زیادہ ریاستوں میں آزادی کی تحاریک اور وال سٹریٹ قبضہ کرو تحریک سمیت ناجائز صہیونی ریاست اسرائیل کہ پشت پناہی امریکہ کی تباہی کا باعث بنے گی۔

انشاءاللہ وہ وقت دور نہیں جب امام حسین (ع) اور شہدائے کربلا کے خون کا انتقام لینے اور فلاحی اسلامی معاشرے کے قیام کے علاوہ قرآنی وعدے کے مطابق اسلام کو تمام ادیان پر غالب کرنے کے لئے عالمی نجات دہندہ قائم آل محمد (ص) حضرت امام مہدی (ع) کا ظہور و انقلاب برپا ہو گا۔

حکیم الامت علامہ اقبال (رح) ہی نے اس عالمی نجات دہندہ قائم آل محمد (ص) حضرت امام مہدی (ع) کے ظہور و انقلاب کے بارے میں آگاہ کر کے اس کے لئے تیاری کرنے کا اشارہ کیا تھا۔

دنیا کو ہے اس مہدی (ع) برحق کی ضرورت
ہو جس کی نگہ زلزلہ عالم افکار

☆☆☆

کلام اقبال (رح) اور کربلا

سردار تنویر حیدر

علامہ اقبال (رح) نے رموز بےخودی میں ''در معنی حریت اسلامیہ و سیر حادثہ کربلا'' کے عنوان سے امام عالی مقام کو خراج عقیدت پیش کیا ہے۔ علامہ اقبال اسلام کی خصوصیات بیان کرتے ہوئے کربلا کا تذکرہ کرتے ہیں۔ کچھ اشعار عقل و عشق کے ضمن میں ہیں اس کے بعد اقبال جب اصل موضوع پر آئے ہیں تو صاف اندازہ ہوتا ہے کہ وہ کردار حسین (ع) کو کس نئی روشنی میں دیکھ رہے ہیں اور کن پہلوؤں پر زور دینا چاہتے ہیں حسین (ع) کے کردار میں انہیں عشق کا وہ تصور نظر آتا ہے، جو ان کی شاعری کا مرکزی نقطہ ہے اور اس میں انہیں حریت کا وہ شعلہ بھی ملتا ہے جس کی تب و تاب سے وہ ملت کی شیرازہ بندی کرنا چاہتے تھے۔

علامہ اقبال کہتے ہیں کہ :

ہر کہ پیماں با ھوالموجود بست
گردنش از بند ہر معبود رست

''جو شخص قوانین خداوندی کی اتباع کو مقصود زندگی قرار دے لے اور اسی طرح اپنا عہد و پیمان اللہ سے باندھ لے اس کی گردن میں کسی آقا کی غلامی اور محکومی کی زنجیر نہیں رہتی۔''

پہلے شعر کے بعد علامہ نے عشق و عقل کا خوبصورت موازنہ پیش کیا ہے۔ امام عالی مقام کا یہ کارنامہ عقل کی بنا پر ظہور پذیر نہیں ہوا بلکہ یہاں عشق کی قوت کارفرما تھی۔

عشق را آرام جاں حریت است

ناقہ اش را ساربان حریت است

"عشق کو کامل سکون اور اطمینان آزادی ملتا ہے اس کے ناقہ کی ساربان حریت ہے۔"

آن شنید یستی کہ ہنگام نبرد

عشق با عقل ہوس پرور چہ کرد

اقبال تمہیدی اشعار کے بعد واقعہ کربلا کی طرف آتے ہیں اور کہتے ہیں "تم نے سنا ہے کہ کربلا کے میدان میں عشق نے ہوس پرور عقل کے ساتھ کیا کیا۔"

آں امام عاشقان پور بتول

سرد آزادے زبستان رسول

اللہ اللہ بائے بسم اللہ پدر

معنی ذبح عظیم آمد پسر

عاشقوں کے امام، حضرت فاطمہ کی اولاد اور حضور صلی اللہ علیہ و آلہ وسلم کے گلستان کے پھول ہیں حضرت علی ان کے والد بزرگوار ہیں اس میں "اللہ اللہ" وہ کلمہ تحسین ہے جو مرحبا اور شاباش کے معنوں میں آتا ہے اس کے بعد حضرت علی (ع) کو "بائے بسم اللہ" سے یاد کیا گیا ہے یہ خود علامہ اقبال کی اہل بیت (ع) شناسی پر ایک دلیل ہے۔ امام حسین (ع) کو "ذبح عظیم" کا مصداق قرار دیا ہے اور آپ قربانی امام حسین (ع) کو قربانی اسماعیل (ع) کا تسلسل قرار دیتے ہیں۔

بہر آں شہزادہ خیر الملل
دوش ختم المرسلین نعم الجمل

روایت میں ہے کہ ایک دن نبی اکرم صلی اللہ علیہ و آلہ وسلم اپنے دونوں نواسوں کو کندھوں پر سوار کر کے کھلا رہے تھے حضرت عمر نے حسنین علیہما السلام سے مخاطب ہو کر کہا "نعم المرکب" کہ کیا خوب سواری پائی ہے، تو نبی کریم صلی اللہ علیہ و آلہ وسلم جواب میں فرمایا: اے عمر: یہ کیوں نہیں کہتے "نعم الرّاکب" کہ سوار کتنے اچھے ہیں۔

سرخ رو عشق غیور از خون او
شوخی ایں مصرع از مضمون او

امام حسین کے خون کی رنگینی سے عشقِ غیور سرخ رو ہے، کربلا کے واقعہ سے اس موضوع میں حسن اور رعنائی پیدا ہو گئی ہے۔

در میاں امت آں کیواں جناب
ہمچو حرف قل ھو اللہ در کتاب

امت محمدیہ میں آپ کی حیثیت ایسی ہی ہے جیسے قرآن مجید میں سورہ اخلاص کی ہے سورہ اخلاص میں توحید پیش کی گئی جو کہ قرآنی تعلیمات کا مرکزی نکتہ ہے اسی طرح امام حسین کو بھی امت میں مرکزی حیثیت حاصل ہے۔

موسیٰ و فرعون و شبیر و یزید
ایں دو قوت از حیات آید پدید
زندہ حق از قوت شبیری است
باطل آخر داغ حسرت میری است

دنیا میں حق و باطل کی کشمکش شروع سے چلی آ رہی ہے اس کشمکش میں مجاہدین کی

قوت بازو سے حق کا غلبہ ہوتا ہے اور باطل شکست و نامرادی سے دوچار۔۔۔

چوں خلافت رشتہ از قرآن گسیخت

حریت رازہر اندر کام ریخت

خاست آں سر جلوہ خیر الامم

چوں سحاب قبلہ باراں در قدم

بر زمین کربلا بارید ورفت

لالہ در ویرانہ کارید رفت

جب خلافت کا تعلق قرآن سے منقطع ہو گیا اور مسلمانوں کے نظام میں حریت فکر و نظر باقی نہ رہی تو اس وقت امام حسین (ع) اس طرح اٹھے جیسے جانب قبلہ سے گھنگھور گھٹا اٹھتی ہے یہ بادل وہاں سے اٹھا کربلا کی زمین پر برسا اور اسے لالہ زار بنا دیا۔

تا قیامت قطع استبداد کرد

موج خون او چمن ایجاد کرد

آپ نے اس طرح قیامت تک ظلم و استبداد کے راستے بند کر دیئے اور اپنے خون کی سیر ابی سے ریگزاروں کو چمنستان بنا دیا۔

بہر حق در خاک و خوں غلطیدہ است پس بنائے لا الہٰ گرویدہ است

آپ نے حق کے غلبہ کے لئے جان دے دی اور اس طرح توحید کی عمارت کی بنیاد بن گئے بنائے "لا الہٰ" میں تلمیح ہے خواجہ معین الدین چشتی رہ کے اس مصرع کی طرف:" حقا کہ بنائے لا الہ است حسین"

مدعایش سلطنت بودے اگر

خود نکردے باچنیں سامان سفر

دشمناں چوں ریگ صحرا لاتعد

دوستان او بہ یزداں ہم عدد

اگر آپ کا مقصد حصول سلطنت ہوتا تو اس بے سروسامانی میں نہ نکلتے بلکہ دیگر سامان واسباب سے قطع، ساتھیوں کی تعداد کے اعتبار سے دیکھئے تو یہ حقیقت واضح ہو جاتی ہے کہ مخالفین کا لشکر لاتعداد تھا مگر آپ کے ساتھ صرف بہتر (72) نفوس تھے یہاں علامہ نے یزداں کے عدد "72" کا حوالہ دیا ہے۔

سر ابراہیم واسماعیل بود

یعنی آں جمال را تفصیل بود

کربلا کے واقع میں قربانی اسماعیل کی تفصیل ہے۔

تیغ بہر عزت دین است وبس

مقصد او حفظ آئین است وبس

مومن کی تلوار ہمیشہ دین کے غلبہ واقتدار کے لئے اٹھتی ہے ذاتی مفاد کے لئے نہیں اس کا مقصد آئین اور قانون کی حفاظت ہوتا ہے۔

ماسوا اللہ را مسلمان بندہ نسبت

پیش فرعونی سرش افگندہ نسبت

مسلمان اللہ کے سوا کسی کا محکوم نہیں ہوتا اس کا سر کسی فرعون کے سامنے نہیں جھکتا۔

خون او تفسیر ایں اسرار کرد

ملت خوابیدہ را بیدار کرد

امام حسین کے خون نے ان اسرار ورموز دین کی تفسیر کر دی اور سوئی ہوئی ملت کو

جگایا۔

تیغ لا چو از میاں بیروں کشید

از رگ ارباب باطل خوں کشید

انھوں نے جب "لا" کو بے نیام کیا تو باطل کے خداؤں کی رگوں سے خون جاری ہو گیا۔

نقش الااللہ بر صحرا نوشت

سطر عنوان نجات ما نوشت

باطل کے خداؤں کو مٹانے کے بعد انہوں نے سرزمین کربلا پر خدا کی توحید کا نقش ثبت کر دیا وہ توحید جو ہماری نجات کا سر عنوان ہے۔

رمز قرآن از حسین آموختیم

بہ آتش او شعلہ ھا اندوختیم

ہم نے قرآن کے رموز و اسرار امام حسین سے سیکھے ہیں ان کی حرارت ایمانی سے ہم نے شعلہ ہائے حیات کو جمع کیا ہے۔

شوکت شام و فر بغداد رفت

سطوت غرناطہ ہم از یاد رفت

تار ما از خمہ اش لرزاں ہنوز

تازہ از تکبیر او ایمان ہنوز

مسلمانوں کی کئی سلطنتیں قائم ہوئیں اور مٹ گئیں بنی امیہ کی سلطنت دمشق میں بھی اور اندلس میں بھی، بنی عباس کی حکومت، یہ اپنے پورے عروج کے بعد ختم ہو گئیں لیکن داستان کربلا ابھی تک زندہ ہے ہمارے تار حیات میں پوشیدہ نغمے اسی مضراب سے

بیدار ہوتے ہیں امام حسین(ع) نے تکبیر کی جو آواز بلند کی تھی اس سے ہمارے ایمانوں میں تازگی پیدا ہو جاتی ہے۔

اے صبا اے پیک دور افتادگاں

اشک ما بر خاک پاک اور ساں

(اے صبا! تو ہماری نم آلود آنکھوں کا سلام مرقد امام حسین تک پہنچا دے۔)

☆☆☆

امام حسین (ع) اقبال کی نظر میں

ذاکر حسین میر

اگرچہ واقعہ کربلا کے بعد ہر دور کے دانشوروں اور اہل علم حضرات نے امام حسین (ع) کی پاک سیرت اور ان کے عظیم اہداف پر گفتگو کی ہے اور آپکے بارے میں سینکڑوں کتابیں لکھی جاچکی ہیں۔ لیکن جس قدر مفکر پاکستان حضرت علامہ اقبال نے امام حسین (ع) کی سیرت اور آپ کے اہداف کو اپنے کلام میں اجاگر کیا ہے وہ کسی دوسرے نے نہیں کیا۔ علامہ اقبال دنیا کو امام حسین (ع) کے مقام و مرتبے سے آگاہ کرتے ہوئے فرماتے ہیں کہ امام حسین (ع) آغوش نبوت کی تربیت یافتہ ہستی ہیں، اور حضور اکرم (ص) نے خود دوش نبوت پر چڑھا کر حسین (ع) کی پرورش کی جیسا کہ فرمایا:

بہر آں شہزادہ خیر الملل
دوش ختم المرسلین نعم الجمل

حضرت علامہ اقبال امام حسین (ع) کی فضیلت بیان کرتے ہوئے آپ کو سورہ قل ھو اللہ سے تشبیہ دیتے ہوئے فرماتے ہیں کہ قرآن کریم میں قل ھو اللہ کو جو فضیلت حاصل ہے وہی فضیلت امت محمدی میں حضرت امام حسین (ع) کو حاصل ہے۔

درمیان امت کیوان جناب
ھمچو حرف قل ھو اللہ در کتاب

علامہ ایک جگہ پر اس حقیقت کو واضح کر رہے ہیں کہ امام حسین نے ہمیشہ کے لئے استبدادیت کا خاتمہ کر ڈالا اور دنیا کو استبدادیت کے سامنے ڈٹ جانے کا سبق سکھایا۔ وہ لوگ جو دنیا پرستی کے نشے میں مست ہو کر انسانیت کو اپنا غلام بنانا چاہتے تھے، حسینیت کے ہاتھوں ذلیل و خوار ہوئے۔ اور حسین نے حقیقت سے پردہ ہٹا کر انہیں بے نقاب کر کے دنیا کے سامنے رکھ دیا۔ امام حسین (ع) اور آپ کے عزیزوں کے خون نے ظلم و بربریت سے انسانی زندگی کے ہر میدان کو سرسبز و شاداب سبزہ زار میں تبدیل کر دیا جہاں انسان نے سکون کی زندگی گزارنی شروع کر دی۔

تا قیامت قطع استبداد کرد
موج خون او چمن ایجاد کرد

علامہ اقبال حضرت امام حسین (ع) کو حقیقی معلم قرآن کے طور پر تسلیم کرتے ہیں، اور یہ سمجھتے ہیں کہ قرآن میں موجود اسرار و رموز کی تعلیم ہمیں حسین نے دی اور حسین ہی وہ حقیقی مفسر قرآن ہیں، جنھوں نے قرآن کی عملی تفسیر مسلمانوں کے سامنے رکھ دی۔ امام حسین (ع) نے اپنے مالک حقیقی کے ساتھ عشق و محبت کی شمع جلائی جس سے ہم نے بھی روشنی حاصل کی اور اسی روشنی کی وجہ سے آج ہمارا ایمان تازہ ہے اور ہمارے اندر ایمان کی روح پیدا ہو گئی۔

رمز قرآن از حسین آموختیم
ز آتش او شعلہ ہا اندوختیم
خون او تفسیر ایں اسرار کرد
ملت خوابیدہ را بیدار کرد

علامہ اقبال فرماتے ہیں کہ امام حسین (ع) نے کربلا کے میدان میں ''لا'' کی تلوار

چلائی اور صحرا ئے کربلا میں ''اِلا اللہ'' کا نقشہ کھینچ کر ہماری نجات کے لئے راہ فراہم کر دی۔

تیغ لا چوں از میاں بیرون کشید
از رگ ارباب باطل خون کشید
نقش الا اللہ بر صحر انوشت
سطر عنوان نجات ما نوشت

علامہ اقبال اس حقیقت کا بھی اعتراف کرتے ہیں کہ امام حسین(ع) معلم حریت ہیں اور آزادی کی تعلیم ہم نے حسین(ع) سے سیکھی۔ در نوای زندگی سوز از حسین(ع) اہل حق حریت آموز از حسین(ع)

علامہ اقبال نے اپنے کلام میں مقصد قیام امام حسین(ع) کو بھی بیان کیا اور اس حقیقت سے آگاہ کر دیا کہ امام حسین(ع) کا قیام ذاتی حکمرانی کے لئے نہیں تھا بلکہ ان کا قیام باطل کو نیست و نابود کرنے اور حق کی بقاء کے لئے تھا کیونکہ جن محدود وسائل اور اصحاب کی قلیل تعداد کے ساتھ امام حسین(ع) نے قیام کیا وہ اس چیز کی گواہ ہے کہ امام حسین(ع) کا قیام کسی دنیوی مقصد کے لئے نہیں تھا۔

مدعایش سلطنت بودے اگر
خود نہ کردی با چنین سامان سفر

* * *